kanaviçe

SAGE

EAU de LAVANDE

LOVE YOU

POSTCARD
To

Lavender

Rosa

Parsley

ROSE

ROSEMARY

THYME

OREGANO

BASIL

FOR YOU

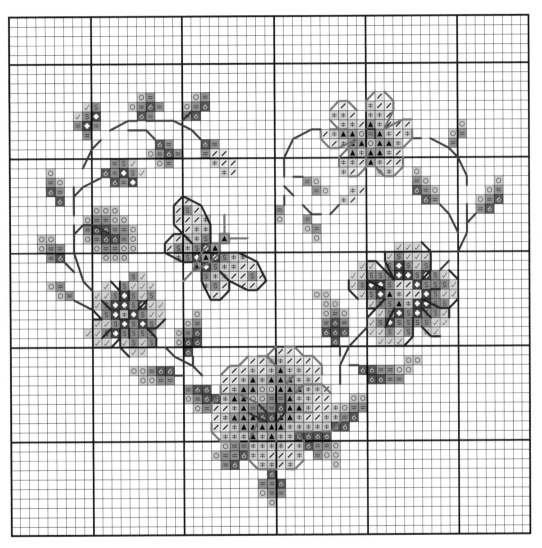

Mouliné
Stranded Cotton Art. 117

▲▲	3820	✚✚	826	ϭ ϭ	163	/	3829
‡‡	726	ѕѕ	519	==	563	/	803
//	3078	✓✓	747	⚬⚬	369	/	561

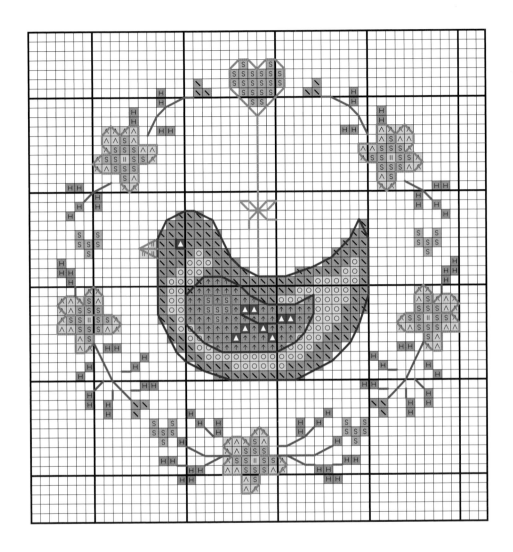

Mouliné
Stranded Cotton Art. 117

H H H H 993	‖ ‖ ‖ ‖ 726	3766	/ 351
S S S S 3341	826	○ ○ ○ ○ 747	/ 414
∧ ∧ ∧ ∧ 967	↑ ↑ ↑ ↑ 519	/ 3814	/ 824

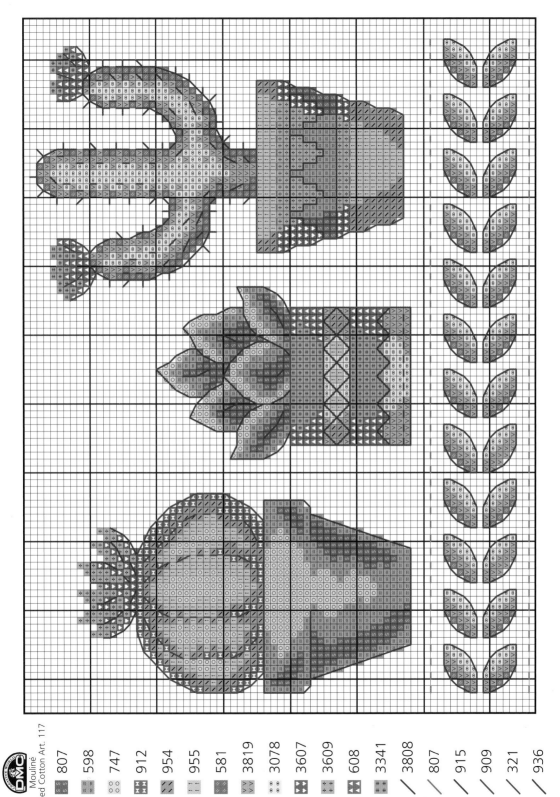

Mouliné
Stranded Cotton Art. 117

s s s	807
‖ ‖	598
o o	747
✖ ✖	912
∕ ∕	954
! !	955
▨ ▨	581
∨ ∨	3819
⊞ ⊞	3078
◨ ◨	3607
+ +	3609
◪ ◪	608
# #	3341
╱	3808
╱	807
╱	915
╱	909
╱	321
╱	936

Mouliné
Stranded Cotton Art. 117

⋈⋈	993	↑↑	704	∴	445	╱	817
⧵⧵	964	⁄⁄	3819	++	518	╱	825
⊡⊡	3340	ss	742	∘∘	519	╱	921
∧∧	3824	<<	726	╱	3814	╱	700

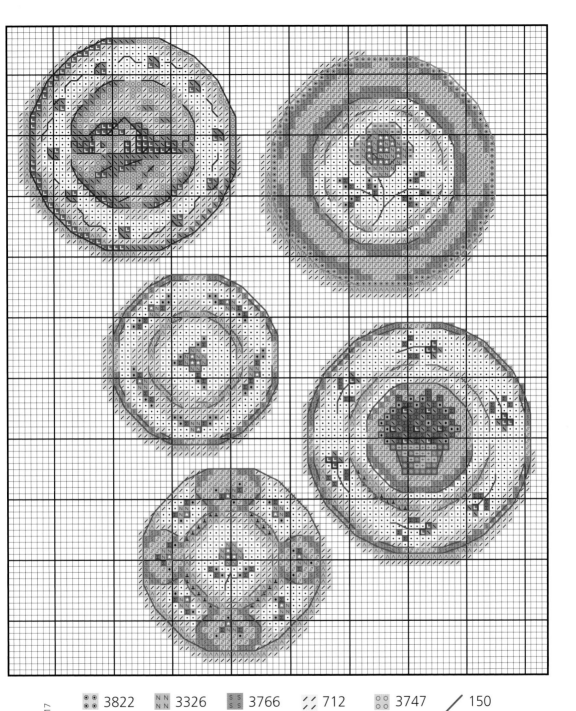

Mouliné
Stranded Cotton Art. 117

⊙⊙ 3822	N N 3326	S S 3766	∕∕ 712	∘∘ 3747	∕ 150
680	⊗⊗ 225	∕∕ 747	∷ Blanc	∕ 645	∕ 3847
++ 676	ΣΣ 992	⊥⊥ 648	LL 3838	∕ 680	∕ 3765
★★ 335	⦂⦂ 954	∧∧ 3072	＼＼ 794	∕ 433	∕ 796

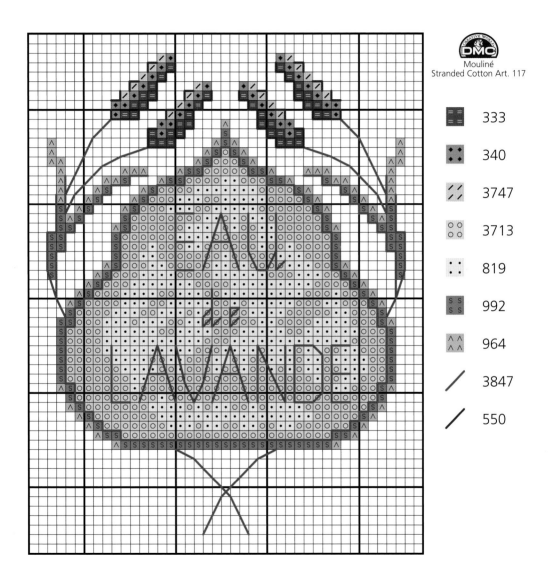

Mouliné
Stranded Cotton Art. 117

▤	333
◆	340
╱╱	3747
○	3713
⦂	819
s	992
∧	964
╱	3847
╱	550

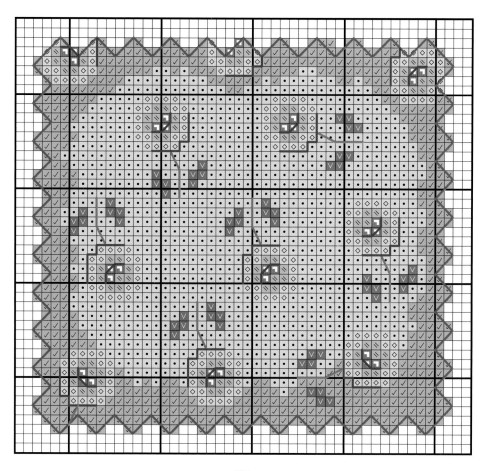

Mouliné
Stranded Cotton Art. 117

🔲	961	ⱽⱽ	912	╱	3848
�	3716	✓✓	964	╱	150
◇◇	818	∶∶	747	╱	912

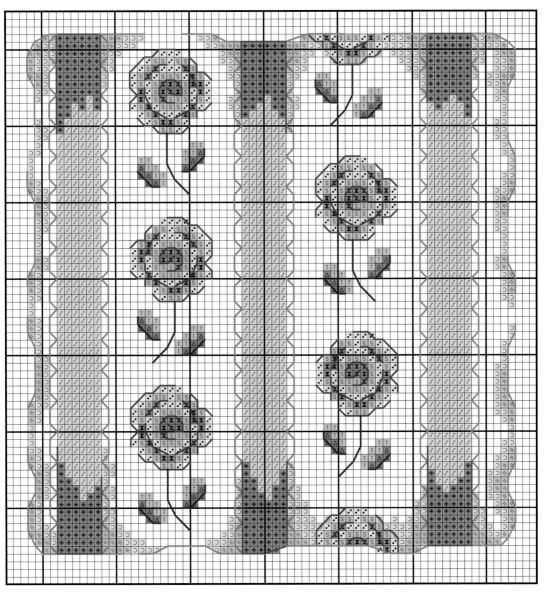

Mouliné
Stranded Cotton Art. 117

3766	762	819	319	3809
747	913	353	347	
415	955	352	414	

Mouliné
Stranded Cotton Art. 117

▓	163	∕∕	727	＼＼	3716	∕	319
△△	913	∶∶	3823	∵∴	819	∕	471
↑↑	955	◆◆	3831	SS	353	∕	347
∞∞	165	○○	961	✕✕	352	∕	3685

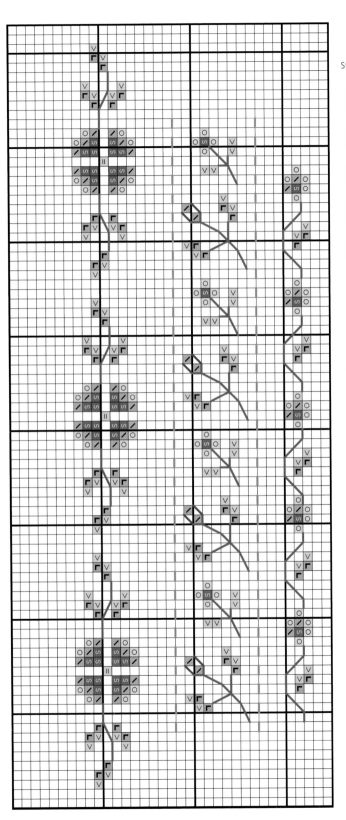

Mouliné
Stranded Cotton Art. 117

S S / S S	602
\ \ / \ \	604
o o / o o	3713
= = / = =	726
⌐⌐ / ⌐⌐	164
< < / < <	772
/	813
/	326
/	987

DMC
Mouliné
Stranded Cotton Art. 117

▷ ▷	992		
← ←	954		
○ ○	955		
+ +	747		
T T	606		
S S	3340		
✓ ✓	3824		
• •	948		
╱	3847		
╱	992		
╱	807		
╱	321		
╱	3340		

▽ ▽	992	⊥ ⊥	606	/	992
↑ ↑	954	S S	3340	/	807
○ ○	955	✓ ✓	3824	/	321
+ +	747	/	3847	/	3340

DMC
Mouliné
Stranded Cotton Art. 117

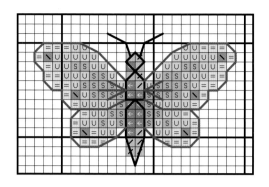

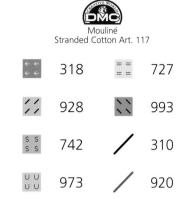

DMC
Mouliné
Stranded Cotton Art. 117

← ←	318	= =	727
/ /	928	\ \	993
S S	742	/	310
U U	973	/	920

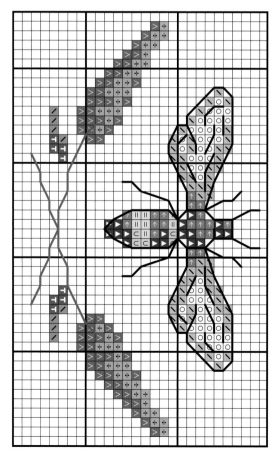

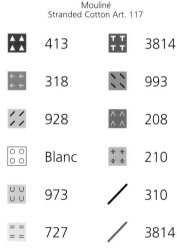

DMC
Mouliné
Stranded Cotton Art. 117

▲▲	413	T T	3814
← ←	318	\ \	993
/ /	928	∧ ∧	208
○ ○	Blanc	÷ ÷	210
U U	973	/	310
= =	727	/	3814

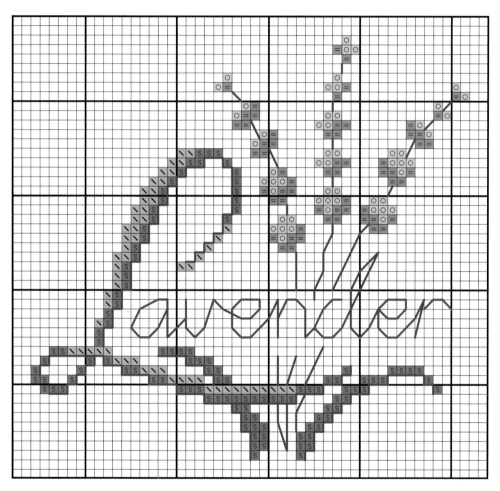

Mouliné
Stranded Cotton Art. 117

| S S S S | 992 | ＼＼ ＼＼ | 964 | = = = = | 340 | ○ ○ ○ ○ | 3747 | / | 3847 |

Mouliné
Stranded Cotton Art. 117

❖❖	826	⊥⊥	742	∶∶	Blanc
✓✓	519	✕✕	973	╱	646
○○	747	−−	727	╱	803
▽▽	913	ss	3024	╱	910
⊕⊕	3819	∧∧	712	╱	920

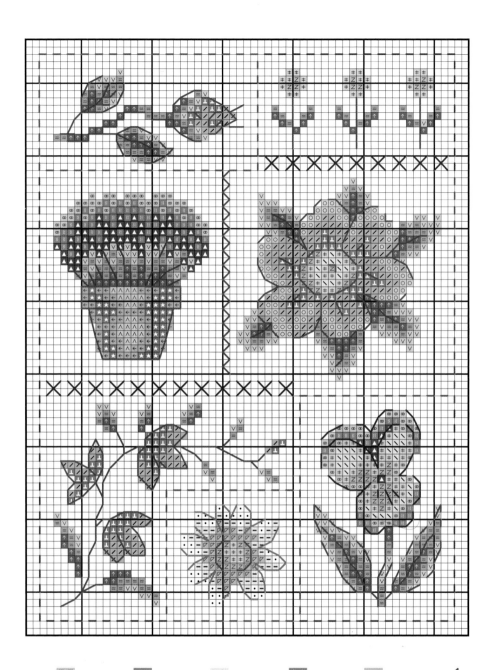

▽▽ 3024	‖‖ 156	∖∖ 745	⊥⊥ 961	← 3854	╱ 3818
⁼⁼ 712	⊗⊗ 3747	↑↑ 911	⁄⁄ 3326	∧∧ 3855	╱ 400
∴∴ Blanc	ᶻᶻ 972	⁼⁼ 954	∘∘ 225	╱ 150	╱ 646
▲▲ 333	⁺⁺ 726	ᵛᵛ 369	★★ 3776	╱ 550	

DMC
Mouliné
Stranded Cotton Art. 117

Mouliné
Stranded Cotton Art. 117

✖✖	946	◥◥	3766	■	433
U U U	722	∞ ∞	747	◆ ◇	435
◥◥	3855	F F	907	╱	321
: :	3823	T T T	3833	╱	312
S S	3810	! !	761	╱	433

Mouliné
Stranded Cotton Art. 117

▲▲	321	⬚⬚	3765	⋰⋰	747	✕✕	910	╱	311
I I	606	U U	807	⬚	B5200	‖ ‖	912		
○○	3340	✓✓	598	▬▬	310	◇◇	955		

POSTCARD

To.

ᴄᴀʀᴅᴇ POSTALE
ment réservé à l'adresse.

Pierre Beidm
Aulone
Bazal
Gironde

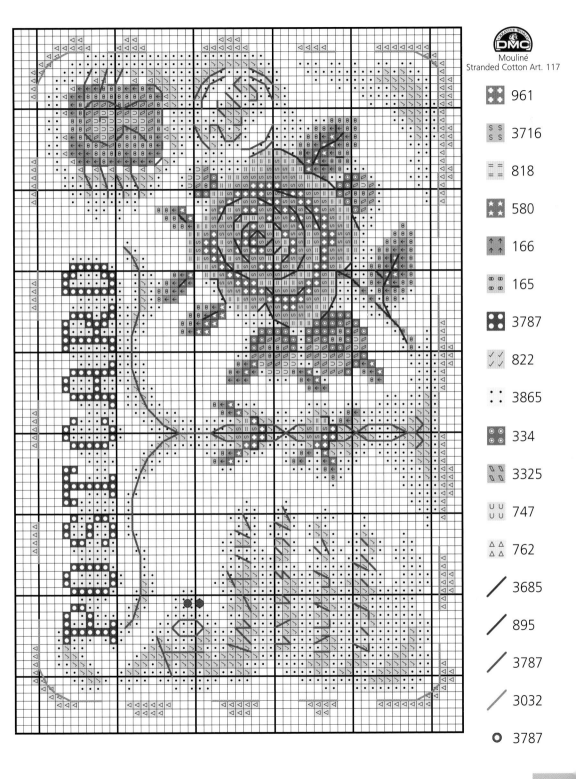

Mouliné
Stranded Cotton Art. 117

961

3716

818

580

166

165

3787

822

3865

334

3325

747

762

3685

895

3787

3032

3787

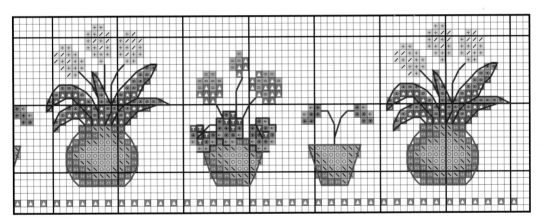

Mouliné
Stranded Cotton Art. 117

H H	3776	∞ ∞	563	▲ ▲	351	/ 400
\ \	3854	T T	905	= =	3341	/ 500
○ ○	3855	⊙ ⊙	907	+ +	726	
★ ★	163	← ←	3819	⁄ ⁄	3078	

Mouliné
Stranded Cotton Art. 117

↓↓	961	○○	165	▽▽	3609	/	943
××	3716	++	964	⁄⁄	211	/	326
\\	818	∴	747	┆┆	341	/	905
⧄⧄	907	ƨƨ	3607	⁞⁞	155	/	3685

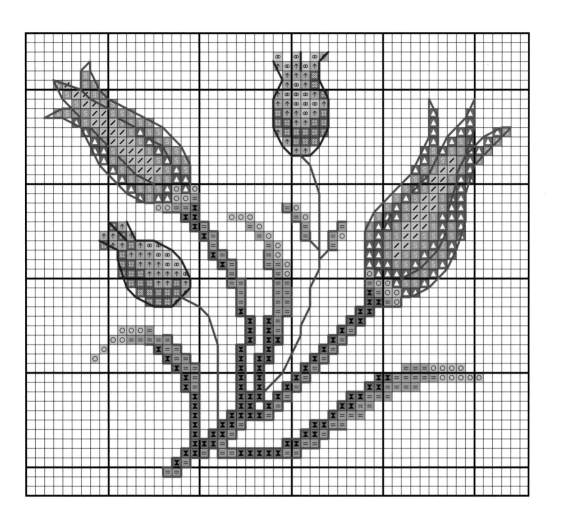

DMC
Mouliné
Stranded Cotton Art. 117

208	606	992	/ 321
210	3340	954	/ 550
211	3824	955	/ 3847

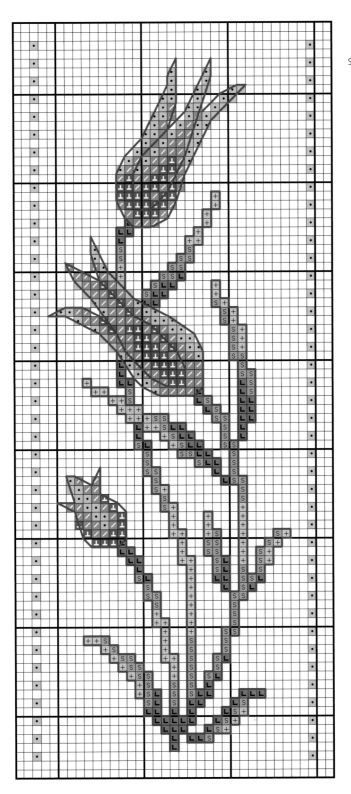

Mouliné
Stranded Cotton Art. 117

↟↟	606
⁄⁄	3340
∴	3824
L L	992
S S	954
+ +	955
⁄	321
⁄	3847

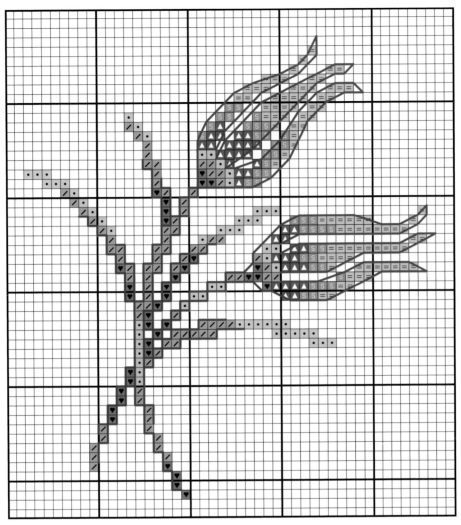

Mouliné
Stranded Cotton Art. 117

▲▲	606	⁄⁄	954
ꜱꜱ	3340	∶∶	955
══	3824	⁄	321
♥♥	992	⁄	3847

Mouliné
Stranded Cotton Art. 117

 807

598

○ ○ 747

3866

3808

Mouliné
Stranded Cotton Art. 117

S S S S	807	\ \	954
= =	598	' ' ' '	955
o o o o	747	/	3808
: : : :	3866	/	912

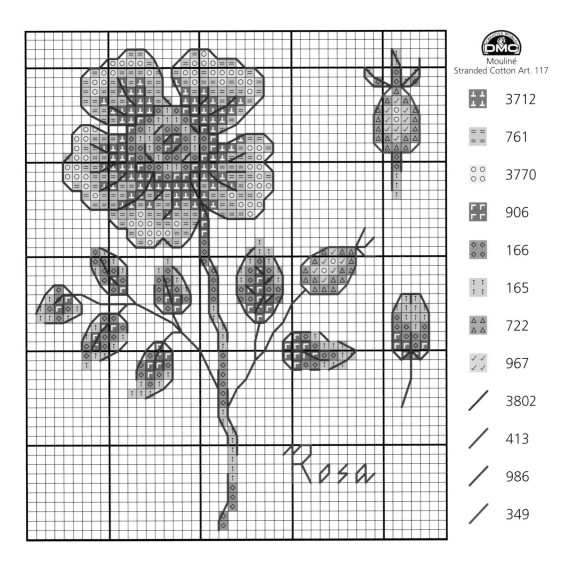

Mouliné
Stranded Cotton Art. 117

⊥⊥ / ⊥⊥	3712
== / ==	761
○○ / ○○	3770
⌐⌐ / ⌐⌐	906
◇◇ / ◇◇	166
↑↑ / ↑↑	165
△△ / △△	722
✓✓ / ✓✓	967
/	3802
/	413
/	986
/	349

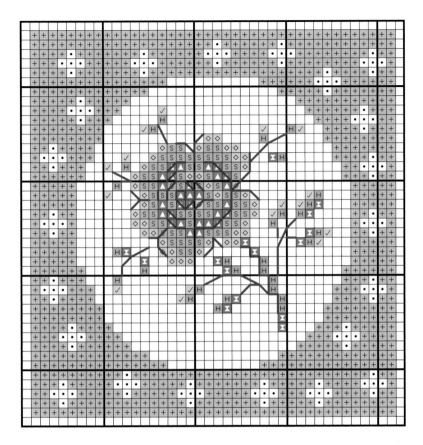

Mouliné
Stranded Cotton Art. 117

▲▲	961	✖✖	988
S S	3326	H H	3348
◇ ◇	225	✓ ✓	772
∴	Blanc	/	3345
+ +	3811	/	816

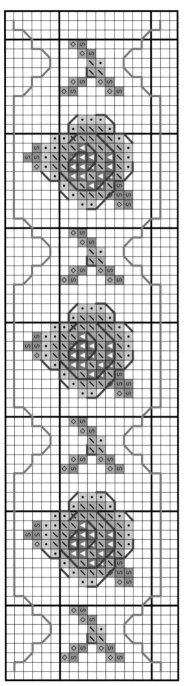

DMC
Mouliné
Stranded Cotton Art. 117

▲▲	961
∕∕	3326
••	225
S S	704
◇◇	3819
∕	807
∕	816

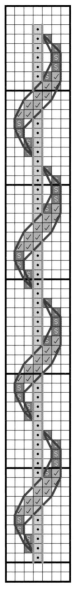

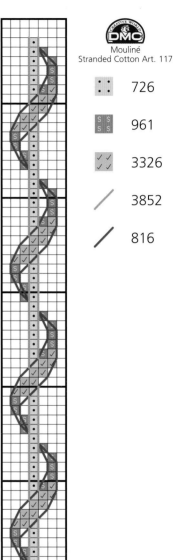

DMC
Mouliné
Stranded Cotton Art. 117

••	726
S S	961
✓✓	3326
∕	3852
∕	816

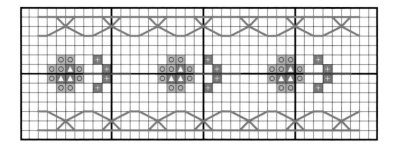

Mouliné
Stranded Cotton Art. 117

++	988	/	807
▲▲	961	/	3345
○○	3326		

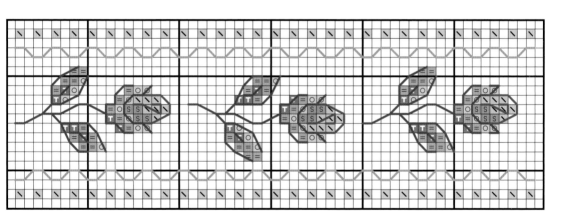

Mouliné
Stranded Cotton Art. 117

SS	962	○○	772
\\	151	/	3831
TT	988	/	3345
==	3348	/	962

Mouliné
Stranded Cotton Art. 117

▲▲	3350	S S S S	3347
↑↑	3733	^ ^ ^ ^	3348
==	761	◇ ◇ ◇ ◇	772
∕∕	819	∕	3345
∶∶	3865	∕	814

DMC
Mouliné
Stranded Cotton Art. 117

o o / o	747	/ /	3716	S S / S S	163	/	500
3831		: :	818	i i / i i	3817	/	961
961		▲▲ / ▲▲	561			/	815

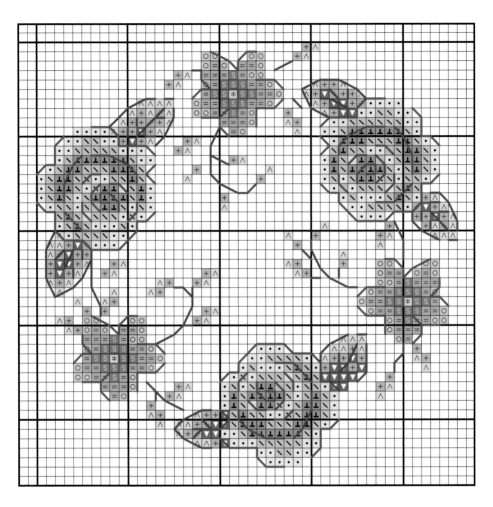

Mouliné
Stranded Cotton Art. 117

▲▲ 958	T T 962	s s 155	‡ ‡ 744	/ 333
+ + 964	\ \ 151	= = 210	/ 3847	
v v 747	: : 819	o o 3747	/ 3831	

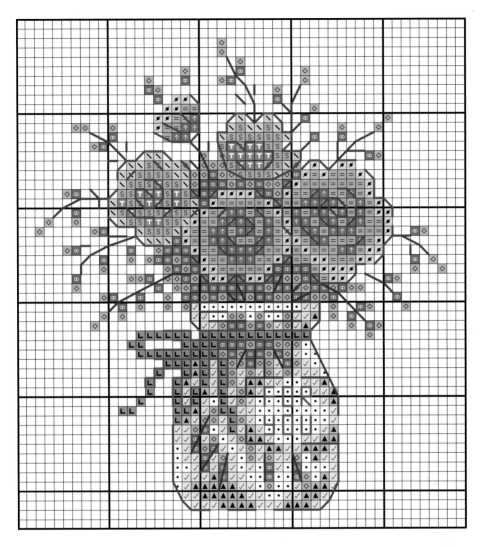

Mouliné
Stranded Cotton Art. 117

L L **L L** 340	⊕⊕ 562	✔✔ 3713	/ 844
▲▲ ▲▲ 644	◇◇ 966	**T T** **T T** 351	/ 816
✓✓ ✓✓ Ecru	↑↑ ↑↑ 602	S S S S 3341	/ 333
:·: Blanc	== 604	\\\\ 967	/ 895

Mouliné
Stranded Cotton Art. 117

♥♥	351	✓✓	712	▲▲	702	/ 792
♦♦	352	∶∶	Blanc	✖✖	704	/ 304
↑↑	967	ꓶꓶ	340	◊◊	3819	/ 699
○○	3770	∞∞	3840	!!	772	
══	648	✓✓	3747	/	645	

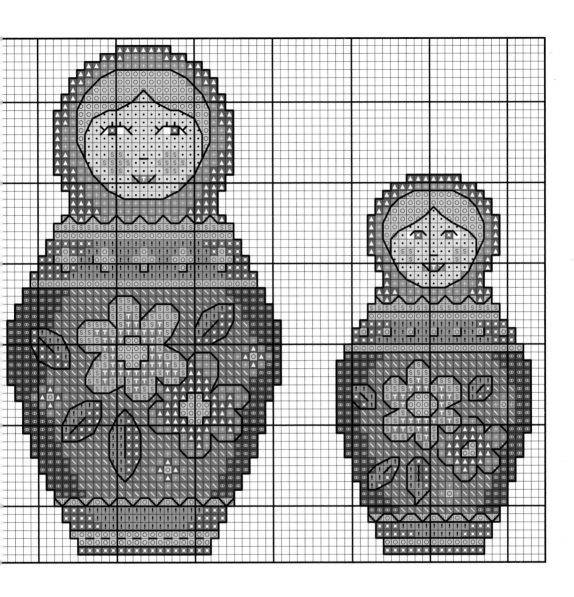

Mouliné
Stranded Cotton Art. 117

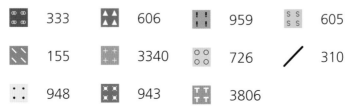 333	606	959	605				
155	3340	726	310				
948	943	3806					

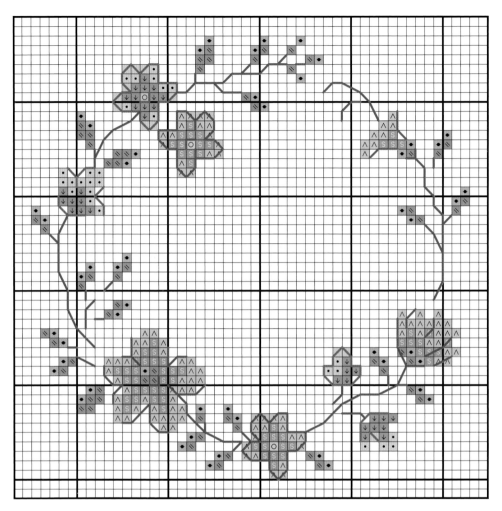

DMC
Mouliné
Stranded Cotton Art. 117

S S S S	3340	· · ·	704
^ ^ ^ ^	3824	·:·	3819
o o o o	743	/	349
↓ ↓	209	/	327
·:·	211	/	700

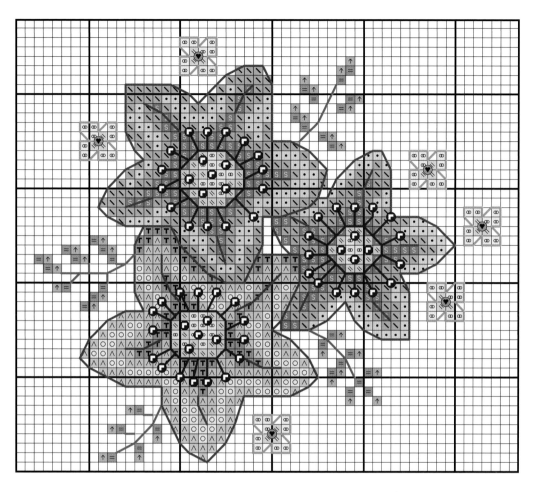

Mouliné
Stranded Cotton Art. 117

S S / S S	351	∞ ∞ / ∞ ∞	3078	∧ ∧ / ∧ ∧	151	/	154
\ \ / \ \	3341	= = / = =	704	○ ○ / ○ ○	819	/	701
• • / • •	967	↑ ↑ / ↑ ↑	3819	/	498	●	783
\ \ / \ \	726	T T / T T	962	/	783	◗	154

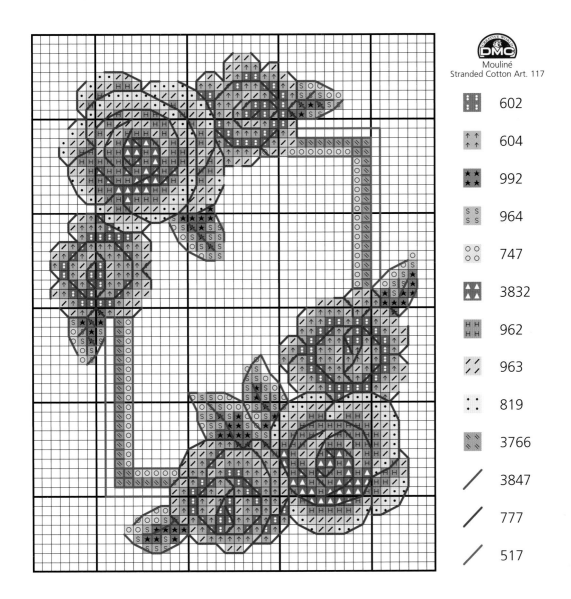

Mouliné
Stranded Cotton Art. 117

602	
604	
992	
964	
747	
3832	
962	
963	
819	
3766	
3847	
777	
517	

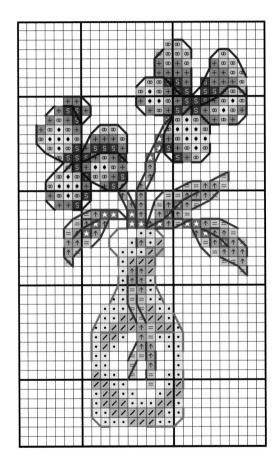

Mouliné
Stranded Cotton Art. 117

S S S	333	↑ ↑ ↑	164
+ + +	340	= = =	772
∞ ∞ ∞	3747	⋮ ⋮	3823
╱ ╱	3024	╱	646
⋮ ⋮	712	╱	986
★ ★ ★ ★ ★	988	╱	550

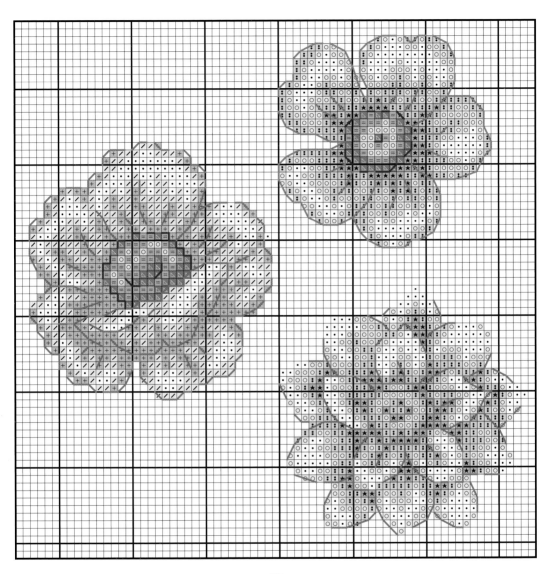

Mouliné
Stranded Cotton Art. 117

+ + + +	3024	★ ★ ★ ★	742
/ /	712	: : : :	726
: · · :	Blanc	° ° ° °	3078

= = = =	3819	/	646
◣ ◣ ◣ ◣	581	/	782
/	319		

Best Wishes

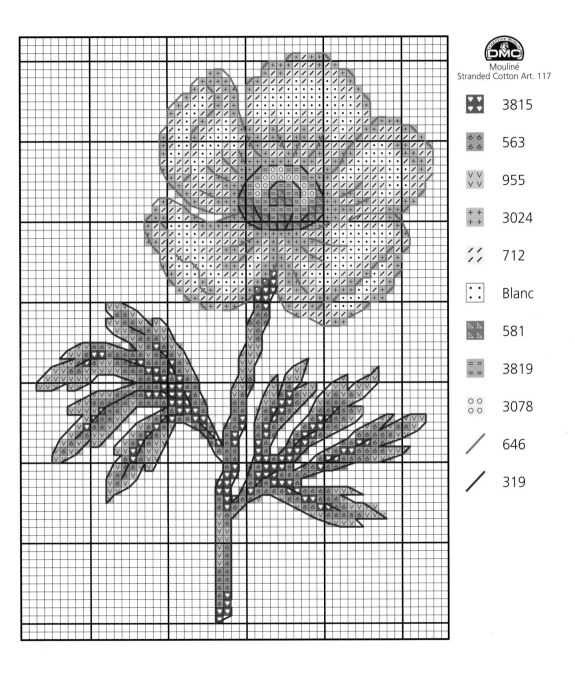

Mouliné
Stranded Cotton Art. 117

3815	
563	
955	
3024	
712	
Blanc	
581	
3819	
3078	
646	
319	

DMC
Mouliné
Stranded Cotton Art. 117

S S S S	726	∧ ∧ ∧ ∧	772	+ + + +	3609	/	915
⁄ ⁄	3078	▲ ▲	3341	/	782	O	792
↑ ↑ ↑ ↑	809	‖ ‖ ‖ ‖	353	/	792		
○ ○ ○ ○	3747	∶ ∶	3770	/	501		
← ← ← ←	368		3607	/	350		

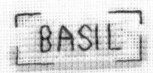

BASIL

Basil

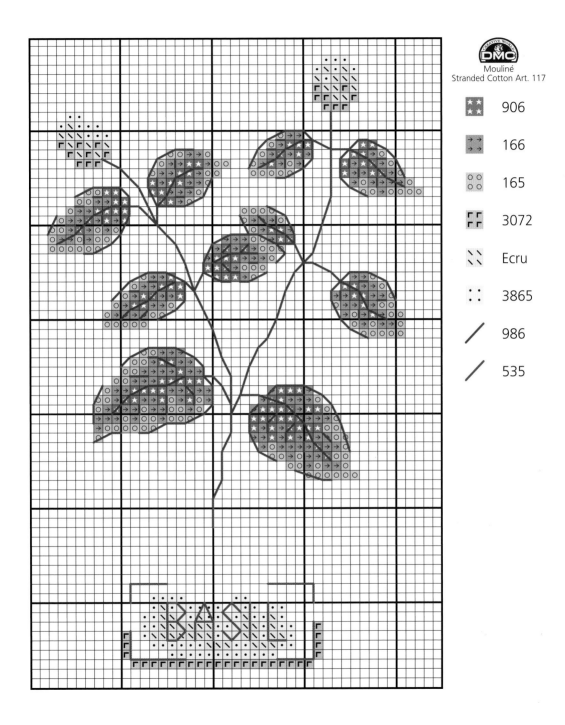

DMC
Mouliné
Stranded Cotton Art. 117

★★ ★★	906
→ → → →	166
○ ○ ○ ○	165
⌐⌐ ⌐⌐	3072
\ \ \ \	Ecru
: : : :	3865
/	986
/	535

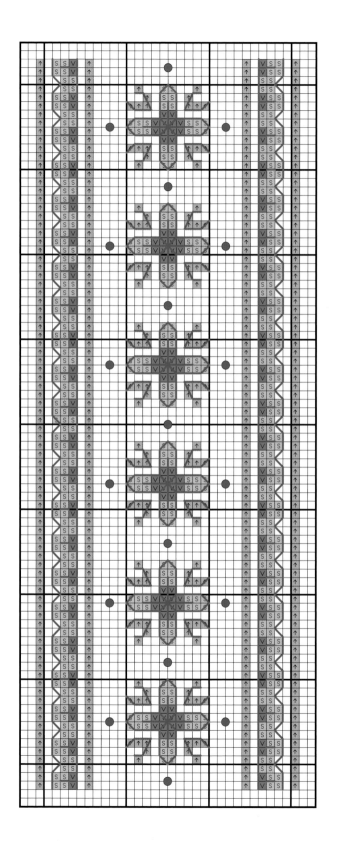

Mouliné
Stranded Cotton Art. 117

V V V V	3846
s s s s	3761
↑ ↑ ↑ ↑	3819
/	995
/	469
●	995

Mouliné
Stranded Cotton Art. 117

⣾	3755	⣤	3819	▦	562	/ 917
⫚	721	⣿	3078	→	164	/ 500
◇	722	S	3607	○	772	
▤	702	∞	3608	/ 817		
⬩	907	T	561	/ 699		

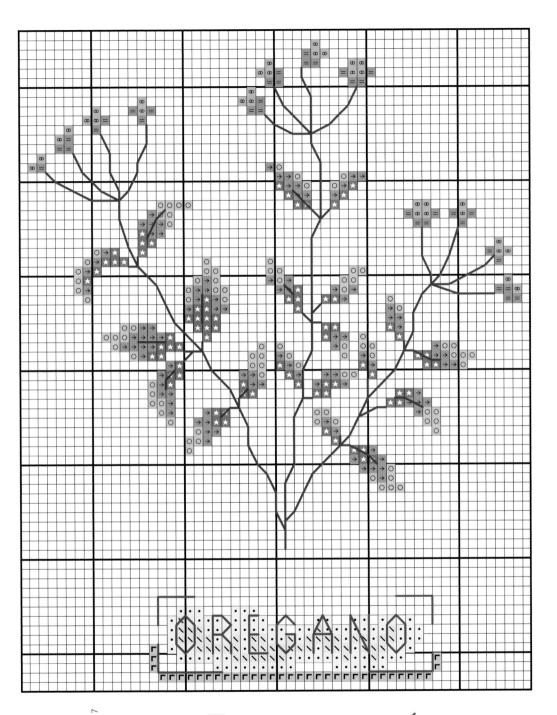

DMC
Mouliné
Stranded Cotton Art. 117

★★ 906	== 209	∖∖ Ecru	/ 535
→→ 166	∞∞ 153	:: 3865
○○ 165	ГГ 3072	/ 986

Parsley

Mouliné
Stranded Cotton Art. 117

▨▨	704
↑↑ ↑↑	3819
○○ ○○	772
++ ++	3865
/	700
/	150
/	648

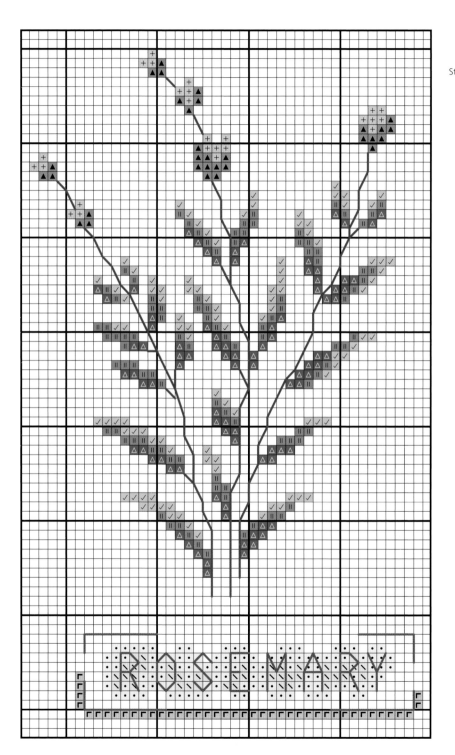

Mouliné
Stranded Cotton Art. 117

△ △	911
‖ ‖	913
✓ ✓	955
▲ ▲	340
+ +	3747
⌐⌐	3072
＼＼	Ecru
∷	3865
╱	3818
╱	535

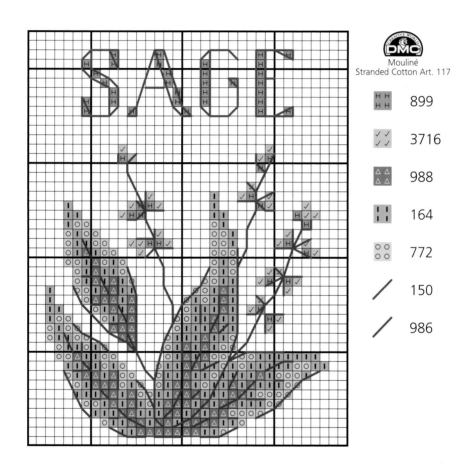

Mouliné
Stranded Cotton Art. 117

H H H H	899
✓ ✓ ✓ ✓	3716
△ △ △ △	988
I I I I	164
○ ○ ○ ○	772
/	150
/	986

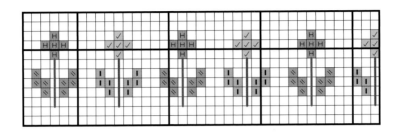

Mouliné
Stranded Cotton Art. 117

HH HH	899	/	986
✓✓	3716	/	700
✎✎	704		
‖‖	164		

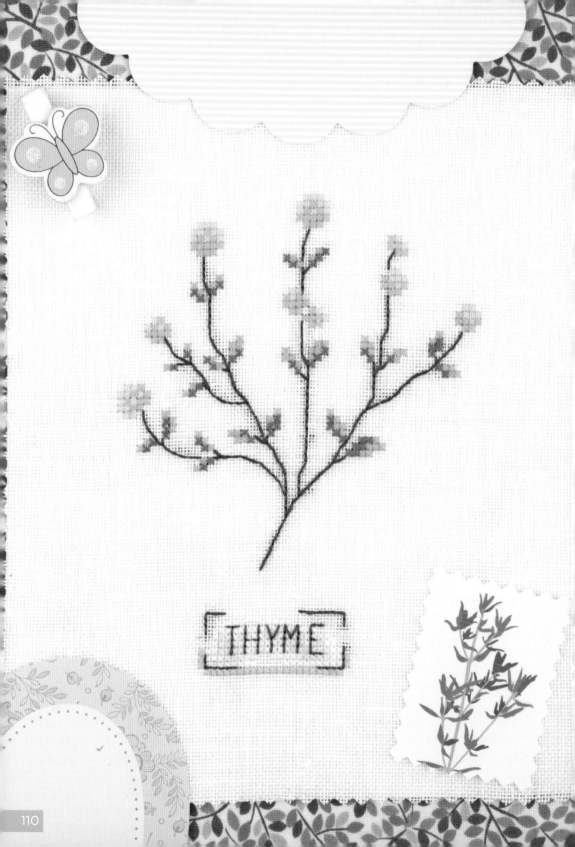

THYME

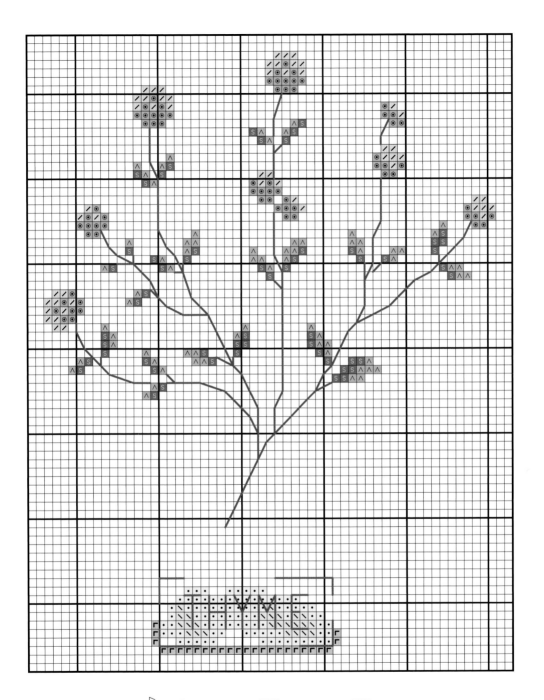

DMC
Mouliné
Stranded Cotton Art. 117

┌┌┌┌	3072	S S S S	562	╱╱	3713
╲╲	Ecru	∧∧ ∧∧	966	╱	535
∶∶	3865	⊙⊙ ⊙⊙	3326	╱	561